CARMEN

PROSPER MÉRIMÉE

Adaptation
FRANÇOIS MARTINEZ

Édition enrichie d'un dossier pédagogique
PIERRE DÉSIRAT

HACHETTE
Français langue étrangère

http://www.fle.hachette-livre.fr

Pour découvrir nos nouveautés,
consulter notre catalogue en ligne,
contacter nos diffuseurs, ou nous écrire,
rendez-vous sur Internet :

www.fle.hachette-livre.fr

*Les illustrations de l'œuvre sont tirées de gravures du XIXe siècle,
dont trois de Gustave Doré, pour une édition de 1846. Elles sont
conservées à la Bibliothèque nationale.*

Couverture et conception graphique : Guylaine Moi
Composition et maquette : Joseph Dorly éditions, Médiamax
Iconographie : Christine de Bissy, Brigitte Hammond

ISBN 2 01 155235-4

© Hachette Livre 2003, 43 quai de Grenelle, 75905 Paris cedex 15

Sommaire

REPÈRES 4

L'ŒUVRE ET SON AUTEUR 5

L'ŒUVRE 7

    La bohémienne 7

    En prison 11

    Une journée avec Carmen 15

    Les contrebandiers 20

    Dans la montagne 23

    Garcia le Borgne 27

    L'Anglais de Gibraltar 32

    La partie de cartes 36

    Le beau picador 40

    La mort de Carmen 43

MOTS ET EXPRESSIONS 47

ACTIVITÉS 49

POUR ALLER PLUS LOIN

    Contexte de l'œuvre 58

    Postérité de Carmen 59

NB : les mots accompagnés d'un * dans le texte sont expliqués dans « Mots et expressions », en page 47.

Repères

L'histoire de *Carmen* se passe dans le Sud de l'Espagne. Grâce à cette carte, vous pourrez suivre le parcours des personnages.

L'œuvre et son auteur

Don José va mourir. Honnête soldat espagnol, il a rencontré la belle Carmen, bohémienne fière et indépendante. Fou d'amour, il devient pour elle un voleur, un contrebandier et un assassin recherché dans toute l'Espagne. Mais Carmen ne renonce jamais à sa liberté : libre elle est, libre elle veut rester. Dans l'Espagne des années 1830, la passion tourne au drame...

Prosper Mérimée est né le 28 septembre 1803 à Paris. Inspecteur général des Monuments historiques à l'âge de trente et un an, il voyage beaucoup en France et à l'étranger. Pendant ses déplacements, il écrit des romans et des nouvelles : *La Vénus d'Ille* et *Colomba* sont les plus célèbres avec *Carmen*, qu'il publie en 1845. Il est élu à l'Académie française en 1844, et traduit ensuite la littérature russe en français. Il meurt à Cannes, le 23 septembre 1870.

La manufacture de tabac de Séville, où travaillent quatre cents femmes.

La bohémienne

Je m'appelle don José Lizarrabengoa et je suis né à Elizondo, dans le Pays Basque espagnol*.

Mes parents veulent faire de moi un homme d'Église, mais je n'apprends pas bien à l'école. J'aime trop jouer à la pelote basque*. Nous autres Navarrais*, quand nous jouons à la pelote basque, nous oublions tout le reste.

Cela m'a perdu.

Un jour, je joue avec un autre garçon et je suis plus fort que lui. Il n'est pas content. Alors, nous nous battons à coups de *maquila**. Comme il est blessé, je dois partir de mon pays pour ne pas aller en prison*.

Sur mon chemin, je rencontre un régiment de cavalerie* du sud de l'Espagne. C'est comme ça que j'entre dans l'armée* et que je deviens soldat*. Ensuite, comme je suis un bon soldat, je deviens brigadier*.

C'est là, monsieur [1], que mes malheurs commencent vraiment.

Un jour, avec mon régiment, je surveille la porte de la manufacture de tabac [2] de Séville, tout près de la rivière Guadalquivir, en Andalousie*. Pendant que les autres hommes dorment ou jouent aux

---

1. Don José est en prison, où il attend sa condamnation à mort. Il raconte sa triste histoire à un voyageur français venu lui rendre visite.
2. Manufacture de tabac : usine où on fait les cigarettes.

cartes[1], je m'occupe, en bon Navarrais, à faire, avec du fil, une chaîne pour tenir mon épingle à fusil[2].

Soudain, les autres crient : « Voilà la cloche qui sonne ! Les femmes vont retourner à la manufacture ! »

Il y a bien quatre cents femmes, au moins, qui sont employées là. Elles retournent à leur travail après le déjeuner de midi et les hommes de Séville les regardent passer avec plaisir. Il faut voir comme elles marchent !

Pendant que les autres les regardent, moi, je reste assis sur mon banc, près de la porte.

Je pense aux femmes de mon pays et je me dis qu'il n'y en a pas de plus belles, avec leurs jupes bleues et leurs cheveux nattés sur le dos.

Les Andalouses, elles, me font peur, parce que je les trouve très peu sérieuses, toujours à rire et à plaisanter.

Je suis occupé avec ma chaîne, quand j'entends quelqu'un crier : « Voilà la bohémienne ! » Je lève les yeux et je vois Carmen. C'est un vendredi. Je ne l'oublierai jamais.

Elle est habillée avec une jupe très courte qui laisse voir ses jambes, une mantille* sur ses épaules et de jolies chaussures rouges à ses pieds. Elle a un bouquet qui sort de sa chemise et une fleur au coin de la bouche.

Quand elle marche, elle a l'air d'une pouliche[3] de Cordoue !

Dans mon pays, on a peur des femmes comme Carmen. Mais ici, à Séville, les hommes lui parlent et elle leur répond avec un grand rire, comme font les bohémiennes.

---

1. Cartes : on joue aux cartes au café et aussi à la maison, pour de l'argent ou pour s'amuser.
2. Épingle à fusil : elle sert à nettoyer le fusil.
3. Pouliche : jeune cheval très vif.

Je suis occupé à faire ma chaîne et je ne la regarde pas, mais elle se dirige vers l'endroit où je me trouve et reste debout devant moi.

– Ami, me dit-elle, veux-tu me donner ta chaîne pour tenir mes clefs ?

Je lui réponds :

– C'est pour attacher mon épingle.

Alors, elle se met à rire très fort.

– Ton épingle ! dit-elle. Ah ! Monsieur fait de la dentelle*, puisqu'il a besoin d'épingles !

Tout le monde rit autour de moi. Je me sens rougir et je ne trouve rien à lui répondre.

– Allons, me dit-elle, fais-moi dix mètres de dentelle noire pour une mantille.

Ensuite, elle prend la fleur qu'elle a à la bouche et elle me la lance juste entre les deux yeux.

Je crois recevoir un coup de fusil !

Puis elle entre dans la manufacture et je vois la fleur, qui est tombée par terre, entre mes pieds.

Je la prends et je la mets dans ma chemise. Première bêtise !

Deux heures plus tard, quelqu'un arrive et crie que dans la grande salle de la manufacture, là où on fait les cigares[1], une femme va mourir.

J'entre dans la manufacture avec deux soldats. Il fait chaud. Je me trouve face à trois cents femmes qui parlent très fort.

Une femme, le visage en sang, est tombée par terre. Devant elle, je vois Carmen. La femme par terre crie : « Confession ! Confession ! Je suis morte ! »

Carmen ne dit rien. Mais on voit qu'elle est en colère.

Je demande :

– Qu'est-ce que c'est ?

---

1. Cigares : les cigares sont de grosses cigarettes.

Toutes les femmes répondent ensemble. Lentement, j'apprends la vérité.

Carmen et la femme se sont disputées. La femme a traité Carmen de bohémienne. Carmen a pris son couteau et elle a dessiné sur les joues de la femme deux croix de Saint-André [1]. Voilà, monsieur, ce qui s'est passé.

Je dis à Carmen :

– Il faut me suivre.

Elle me regarde et me reconnaît. Elle prend alors un air triste.

– Marchons, dit-elle.

Elle met sa mantille sur sa tête et elle nous suit, douce comme un mouton !

Dans la ville, Carmen marche devant moi, entre les deux soldats. D'abord, elle ne parle pas. Après un instant, elle laisse tomber sa mantille sur ses épaules pour me montrer son joli visage. Ensuite, quand nous marchons dans la rue du Serpent, elle se retourne et me demande :

– Mon officier, où me conduisez-vous ?

Je lui réponds avec douceur :

– À la prison, ma pauvre enfant !

– Hélas ! dit-elle. Seigneur officier*, ayez pitié de moi. Vous êtes si jeune et si gentil ! Laissez-moi m'enfuir. Je vous donnerai une pierre précieuse [2] qui vous fera aimer de toutes les femmes !

Je lui réponds sérieusement :

– Nous ne sommes pas ici pour bavarder. Il faut aller à la prison. C'est un ordre*.

Mais Carmen a deviné que je suis basque, car je ne parle pas comme les Andalous. Et comme les bohémiens voyagent partout, ils connaissent les langues de tous les pays.

---

1. Croix de Saint-André : croix en forme d'X.
2. Pierre précieuse : pierre extraordinaire et chère, qui sert à faire des bijoux.

Elle me dit alors en basque :

– Camarade de mon cœur, vous êtes donc du pays ?

Je suis si content d'entendre parler ma langue que je lui réponds en basque moi aussi :

– Je suis d'Elizondo.

– Et moi, je suis d'Etchalar, un village à côté d'Elizondo, me dit-elle. J'ai été emmenée par les bohémiens à Séville. Je travaille à la manufacture pour avoir assez d'argent pour retourner en Navarre, près de ma pauvre mère, qui n'a que moi et un petit jardin avec quelques arbres. Ah ! si j'étais au pays, devant nos grandes montagnes pleines de neige ! On m'a traitée de bohémienne parce que je ne suis pas de ce pays de voleurs, et les femmes se sont mises contre moi parce que j'ai dit que les hommes de Séville, avec leurs couteaux, ne font pas peur à un gars de chez nous avec sa *maquila*.

Elle ment, monsieur. Je sais qu'elle n'est pas du Pays Basque. Cela se voit. Elle a les cheveux noirs et la peau brune comme toutes les bohémiennes. Et, pourtant, quand elle me dit qu'elle est basque, je la crois. C'est plus fort que moi. Je deviens fou. Je suis comme un homme qui a bu trop de vin et je commence à dire et à faire des bêtises.

– Si je vous pousse et si vous tombez, mon ami, me dit-elle en basque, ce ne sont pas ces deux soldats de Castille* qui pourront m'arrêter.

En prison

Nous passons alors devant une de ces rues étroites comme il y en a beaucoup à Séville, quand, soudain, Carmen me donne un coup de poing dans la poitrine. Je me laisse tomber par terre, et elle, très vite, saute par-dessus mon corps, se met à courir en direction de la rue et nous montre ses jambes.

Et quelles jambes ! Elles courent aussi vite qu'elles sont jolies !

Tout de suite après, je me mets debout, mais je reste au milieu de la rue pour empêcher les deux soldats de la suivre. Ensuite, je commence à courir derrière Carmen et les deux soldats commencent à courir derrière moi !

Mais nous ne pouvons pas l'arrêter, car elle court très vite et nous très lentement, avec nos bottes et nos fusils. Il nous est impossible de la trouver, parce que les femmes de Séville l'aident à se cacher et se moquent de nous. Certaines crient : «Elle est ici !» Et certaines autres : « Elle est là-bas !»

Nous passons plusieurs heures à la chercher dans toutes les rues et aussi dans les maisons, mais sans résultat. Grâce aux femmes de Séville, Carmen est déjà loin !

Il nous faut rentrer à la caserne*, car il est déjà tard.

Dès notre arrivée, je dis à l'officier ce qui s'est passé, mais il refuse de me croire. Il me répond que je suis grand et fort. Carmen ne peut pas, d'un simple coup de poing me jeter par terre. Ensuite, il interroge les deux soldats. Ils disent que Carmen m'a parlé en basque. Je suis donc coupable, car je l'ai laissée s'enfuir, et je suis condamné à aller vivre, pendant deux mois, en prison. Ce n'est pas tout : j'étais brigadier, je deviens un simple soldat !

Mes premiers jours en prison se passent assez tristement.

Quand je suis entré dans l'armée, je voulais devenir officier. Maintenant, je peux dire au revoir à mon beau rêve ! Je pense : tout le temps que j'ai passé comme brigadier, c'est du temps perdu. Si je veux réussir, il me faudra travailler dix fois plus que quand j'ai commencé.

Et pourquoi ? Parce que j'ai aidé à s'enfuir une méchante fille, une bohémienne qui s'est moquée de moi, et qui en cet instant, est en train de voler dans un coin de la ville.

Et, cependant, je ne peux pas m'empêcher de penser à elle !

Me croyez-vous, monsieur, si je vous dis que j'ai toujours devant les yeux ses jolies jambes, que j'ai vues quand elle est partie en courant dans les rues de Séville ?

Je regarde par la fenêtre de la prison et, au milieu de toutes les femmes qui passent dans la rue, je n'en vois pas de plus belle que cette fille du diable [1] !

Dans ma chemise, je sens encore la fleur qu'elle m'a jetée le jour où elle s'est battue avec l'autre femme dans la manufacture de tabac.

Ah ! Carmen !

Un jour, le gardien de la prison entre et me donne un pain.

– Tenez, me dit-il, voilà un cadeau de votre cousine.

Je prends le cadeau avec beaucoup d'étonnement parce que je n'ai pas de cousine à Séville. Je me dis que c'est peut-être une erreur, et je regarde le pain, qui a l'air très bon.

Sans plus attendre, je décide de le manger. Je veux le couper avec mon couteau, mais je rencontre quelque chose de dur. Je regarde et je trouve une petite lime [2] que quelqu'un a mise dans le pain, et aussi deux piastres*.

---

1. Diable : le mal, opposé au bien et à Dieu.
2. Lime : petit couteau pour couper le fer.

Alors, c'est bien un cadeau de Carmen !

Pour les bohémiens, la liberté c'est tout. Ils mettront le feu à une ville, s'il le faut, pour ne pas aller en prison.

Carmen est intelligente. Elle sait qu'on peut cacher une lime et deux piastres dans un pain et se moquer ainsi du gardien.

Je pense : en une heure de temps, je peux, si je le veux, avec ma lime, couper les barreaux [1] de ma fenêtre, et avec les deux piastres, je peux aller chez un marchand et m'acheter des nouveaux vêtements. Comme ça, personne ne me reconnaîtra dans la ville.

Vous croyez bien qu'un homme comme moi, qui a l'habitude de monter sur les plus hautes montagnes du Pays Basque, pour chercher les grands oiseaux sauvages, peut très facilement sauter d'une fenêtre de dix mètres pour être tout de suite libre dans la rue !

Mais je ne veux pas m'enfuir. J'ai encore ma fierté de soldat et je pense que ce n'est pas bien de déserter [2].

Cependant, je trouve le geste de Carmen très gentil. Elle pense à moi ! Et quand on est en prison, on aime bien savoir que dans la ville il y a quelqu'un qui pense à vous.

Quand je sors de prison, au bout de deux mois, je crois être enfin tranquille.

Mais ce n'est pas fini. Depuis que je ne suis plus brigadier on me demande de monter la garde* devant la porte du colonel* comme un simple soldat. Vous ne pouvez pas savoir, monsieur, ce qu'un homme comme moi peut penser en un instant pareil !

---

1. Barreaux : morceaux de fer qui ferment une fenêtre dans une prison.
2. Déserter : partir de l'armée pour toujours. C'est un crime.

Une journée avec Carmen

Le colonel est jeune, riche et très aimable. Tous les officiers de la caserne se réunissent chez lui, le soir, pour s'amuser. On dit aussi qu'il y a beaucoup de femmes.

Depuis que je ne suis plus brigadier, j'ai l'impression que tous les gens de la ville se donnent rendez-vous devant la porte du colonel pour me voir monter la garde comme un simple soldat !

Mais voilà la voiture du colonel qui arrive. Et savez-vous qui descend de la voiture, là, juste devant mes yeux ?... Carmen !

Elle est habillée comme une reine, avec des fleurs partout, une robe et des chaussures dorées. Elle a un tambourin* à la main. Avec elle, il y a deux autres bohémiennes, une jeune et une vieille. Il y a toujours une vieille, monsieur, pour les conduire dans ces fêtes-là. Ensuite arrive un vieux bohémien, avec une guitare, pour jouer et les faire danser. Vous savez qu'on s'amuse souvent à faire venir des bohémiennes pour leur faire danser le «roumalis», qui est la danse des bohémiens.

Carmen me reconnaît. Elle me regarde. Moi, en cet instant, je voudrais être mort !

– Bonjour, ami, me dit-elle. Mon officier, tu montes la garde comme un simple soldat !

Et, avant que je trouve les paroles pour lui répondre, elle entre dans la maison.

Tous les invités sont là et, par la porte, je vois ce qui se passe dans le salon. J'entends les castagnettes* et le tambourin, les rires et les bravos. Quelquefois, je vois la tête de Carmen quand elle saute avec son tambourin. Ensuite, j'entends les jeunes officiers qui lui disent des choses qui me font rougir de colère ! Ce qu'elle répond, je n'en sais rien. Mais c'est depuis ce jour-là, je crois, que je l'aime vraiment, car, deux ou trois fois, j'ai envie d'entrer dans la maison et de me battre avec tous ces jeunes officiers qui lui racontent des histoires !

Pendant tout le temps que dure la fête, je suis malheureux. Enfin, les bohémiens sortent dans la rue. Carmen passe encore devant moi, me regarde avec ses yeux noirs et me dit très bas :

– Ami, quand on aime le bon poisson, on va en manger à Triana, chez Lillas Pastia.

Ensuite, légère comme le vent, elle monte dans la voiture qui attend devant la porte, et toute la bande de bohémiens s'en va je ne sais où.

Vous pensez bien, monsieur, que, quand j'ai fini de monter la garde, je m'en vais à Triana, dans cet endroit, tout près du Guadalquivir, où habitent les bohémiens.

Mais, avant, je me lave et je m'habille comme pour un jour de fête.

Carmen m'attend chez Lillas Pastia, un vieux bohémien, marchand de poisson et noir comme un Maure. Beaucoup de gens riches de Séville vont manger du poisson chez lui, surtout depuis que Carmen y va, elle aussi.

Elle me voit entrer.

– Lillas, dit-elle, je ne fais plus rien aujourd'hui. Demain, il fera jour. Allons, ami, allons nous promener.

Elle met sa mantille sur sa tête et me voilà parti avec elle dans la rue, sans savoir où je vais.

– Mademoiselle, lui dis-je, je vous remercie du cadeau que vous m'avez envoyé pendant que j'étais en prison. Le pain, je l'ai mangé. La lime, je la garde en souvenir de vous. Mais l'argent, le voici.

– Tiens ! dit-elle. Tu as gardé l'argent !

Carmen saute et danse avec son tambourin.

Elle rit et, ensuite, elle me dit :

– Alors, tant mieux, parce que je ne suis pas très riche, aujourd'hui. Mais qu'importe ! Chien qui marche ne meurt pas de faim. Allons, dépensons tout l'argent que tu as. C'est toi qui m'invites !

Nous marchons dans les rues de Séville. À l'entrée de la rue du Serpent, elle achète un kilo d'oranges, qu'elle me fait mettre dans ma chemise. Un peu plus loin, elle entre dans une épicerie où elle achète du pain, du jambon et une bouteille de vin. Je crois qu'elle va emporter toute la boutique ! Elle prend tout ce qu'il y a de plus beau et de plus cher : des œufs sucrés, des fruits et des bonbons. Elle dépense tout l'argent. Ensuite, je porte toutes ces marchandises dans des sacs de papier.

Vous connaissez peut-être la rue de la Lampe où il y a une statue du roi don Pedro le Justicier ? Nous nous arrêtons dans cette rue-là, devant une vieille maison.

Carmen frappe à la porte. Une vieille bohémienne, qui s'appelle Dorothée, vient nous ouvrir. Carmen lui parle dans leur langue. D'abord, la vieille refuse. Alors, Carmen lui fait boire du vin et lui donne deux oranges et quelques bonbons.

Nous entrons dans la maison. Carmen aide la vieille à mettre sa mantille sur la tête, puis la conduit jusqu'à la rue et ferme la porte.

Nous sommes seuls. Alors, Carmen commence à rire et à danser comme une folle. Elle chante :

– Tu es mon *rom* et je suis ta *romi* !

Ce qui veut dire, dans la langue des bohémiens : « Tu es mon mari et je suis ta femme. »

Pendant qu'elle chante et danse, je me trouve debout, au milieu de la pièce, les bras chargés de marchandises et sans savoir où je dois mettre toutes les bonnes choses qu'elle a achetées !

Alors, elle les prend toutes et les jette par terre. Ensuite, elle me saute au cou et crie :

– Je paye mes dettes ! Je paye mes dettes ! C'est la loi des bohémiens.

Ah ! monsieur, cette journée-là !... Cette journée-là !... Quand j'y pense, j'oublie tout le reste !

Nous restons ensemble toute la journée. Nous mangeons et nous buvons. Carmen mange plusieurs bonbons, comme un enfant de six ans. Ensuite, elle en prend d'autres dans ses mains et les met dans la carafe pleine d'eau de la vieille Dorothée.

– C'est pour lui faire de l'eau sucrée ! dit-elle.

Après, elle prend des œufs sucrés et les jette contre le mur.

– C'est pour que les mouches nous laissent tranquilles ! dit-elle.

Il n'y a pas de tour ni de bêtise qu'elle ne fait pas ce jour-là.

Je lui demande de danser pour moi seul comme elle a dansé chez le colonel. Mais où trouver des castagnettes ?

Tout de suite, elle prend la seule assiette de la vieille bohémienne, la jette par terre et en fait plusieurs morceaux. Et la voilà qui danse pour moi seul le «roumalis», avec deux morceaux de l'assiette dans chaque main, aussi bien que si c'étaient des castagnettes !

On ne s'ennuie pas avec cette fille-là, je peux vous le dire !

Le soir arrive et j'entends les tambours* qui appellent les soldats à la caserne.

– Je dois aller à la caserne, dis-je.

– À la caserne ? dit-elle. Tu es donc un chien et tu cours quand on t'appelle ?

Alors, je reste toute la nuit avec elle.

Le lendemain matin, elle me dit :

– Écoute, José : je t'ai payé. D'après notre loi, je ne te dois rien, parce que tu n'es pas bohémien. Mais tu es un joli garçon et tu me plais. Maintenant, je dois partir. Alors, au revoir.

Je lui demande quel jour je la verrai de nouveau.

– Quand tu seras moins bête ! me dit-elle.

Et elle rit. Ensuite, elle me dit d'une voix plus sérieuse :

– Ah ! moi aussi, je crois que je t'aime un peu ! Mais cela ne peut pas durer. Chien et loup [1] ne restent pas longtemps ensemble. Si tu deviens bohémien, je serai ta *romi*. Mais ce sont des bêtises : cela ne se peut pas. C'est mieux pour toi. Tu as rencontré le diable, José, car je suis le diable. Je suis habillée de laine mais je ne suis pas un

---

1. Loup : animal sauvage, qui ressemble au chien.

mouton. Allons, au revoir encore une fois. Ne pense plus à Carmen ou elle te portera malheur !

Pendant qu'elle me parle, elle ouvre la porte et sort dans la rue. Alors, elle met sa mantille sur sa tête et me tourne le dos. Je ne la vois plus.

*L*es contrebandiers

Carmen a raison, monsieur. Je ne dois plus penser à elle. Mais depuis cette journée que nous avons passée ensemble dans la rue de la Lampe, je ne peux plus penser à autre chose.

Je me promène, du matin jusqu'au soir, dans les rues de la ville et, à tout instant, j'espère la rencontrer. Je demande de ses nouvelles à la vieille bohémienne Dorothée et au marchand de poisson Lillas Pastia. Ils me répondent qu'elle se trouve au Portugal. Mais je suis sûr qu'ils ne me disent pas la vérité.

Quelques semaines après ma journée avec Carmen, je monte la garde devant le mur de la ville. À quelques mètres de là, il y a un passage par où les contrebandiers peuvent entrer et sortir, pendant la nuit, avec leurs marchandises, et je dois les empêcher de passer.

Un jour, je vois arriver Lillas Pastia. Il s'approche de moi et me demande si j'ai des nouvelles de Carmen.

– Non, lui dis-je.

– Eh bien, vous en aurez bientôt, l'ami.

Il dit la vérité. La nuit suivante, je suis encore de garde devant le mur. Dans le noir, je vois venir à moi une femme. Je pense que c'est Carmen. Cependant, je crie :

– Halte ! On ne passe pas !

– Ne fais donc pas le méchant, me dit-elle.

– Quoi ! Vous voilà, Carmen ?

– Oui, mon ami. Parlons peu, mais parlons bien. Veux-tu gagner une piastre ? Il va venir des gens avec des paquets. Laisse-les passer.

Je réponds :

– Non ! Je dois les empêcher de passer. Ce sont les ordres.

– Les ordres ! Les ordres ! Tu n'y pensais pas, l'autre jour, rue de la Lampe !

– Ah ! dis-je. Cela valait bien la peine de les oublier ! Mais je ne veux pas l'argent des contrebandiers.

– Voyons, si tu ne veux pas d'argent, veux-tu venir encore avec moi chez la vieille Dorothée ?

– Non, dis-je. Je ne peux pas.

Pourtant, j'ai très envie de retourner rue de la Lampe avec elle !

– Très bien, dit Carmen. Si tu es si difficile, je sais à qui m'adresser. J'offrirai à ton colonel d'aller chez Dorothée avec lui. Il a l'air d'un garçon gentil, et il mettra de garde un soldat qui ne verra que ce qu'il faudra voir. Au revoir, ami. Je rirai bien le jour où l'ordre sera de te couper la tête !

Mais je suis faible. Alors, je lui dis de revenir. Je lui promets de laisser passer tous les contrebandiers qu'elle veut, si elle accepte de venir me retrouver, le lendemain, chez la vieille Dorothée. Elle dit : « D'accord. » Puis elle court prévenir ses amis, qui sont à côté.

Il y en a cinq, tous chargés avec des marchandises. Je reconnais l'un deux : c'est Lillas Pastia ! Je les laisse passer.

Le lendemain, je vais rue de la Lampe. Carmen arrive en retard. Elle n'a pas l'air contente.

– Je n'aime pas les gens qui demandent toujours quelque chose ! dit-elle. La première fois, quand tu m'as sauvée de la prison, tu ne m'as rien demandé.

Je ne sais pas pourquoi je suis venue, aujourd'hui, parce que je ne t'aime plus. Tiens, voilà une piastre pour avoir laissé passer les contrebandiers hier soir et va-t'en !

– Monsieur, j'ai envie de lui jeter la piastre à la tête et je me retiens pour ne pas la battre !

Nous nous disputons encore pendant une heure. Ensuite, je sors de la maison en colère. Je marche comme un fou, pendant quelque temps, dans les rues de la ville. Puis j'entre dans une église. Je me mets dans un coin et je pleure.

Tout à coup, j'entends une voix :

– Larmes de soldat !

Je me retourne et je vois Carmen en face de moi.

– Eh bien, mon ami, me dit-elle, tu es en colère contre moi ? Mais je suis ici. Il faut bien que je t'aime ! Maintenant, c'est moi qui te demande si tu veux bien venir chez la vieille Dorothée avec moi.

Nous ne nous disputons plus. Mais Carmen est comme le temps dans les montagnes de mon pays, où il y a le soleil et l'orage en même temps !

Elle me donne rendez-vous, pour un autre jour, dans la maison de la rue de la Lampe. Mais elle ne vient pas. Et Dorothée me dit encore qu'elle est partie au Portugal. Je sais que, comme la première fois, elle ne dit pas la vérité. Je commence à connaître Carmen et les bohémiens : ils mentent souvent.

Alors, je cherche Carmen partout où je crois pouvoir la trouver. Je passe environ vingt fois par jour devant la maison de la rue de la Lampe.

Un soir, me voilà encore chez Dorothée. Carmen arrive, mais elle n'est pas seule. Avec elle se trouve un jeune officier de mon régiment.

– Va-t'en vite, me dit-elle en basque.

Je suis surpris et, en même temps, je suis en colère.

– Qu'est-ce que tu fais ici ? me demande l'officier. Sors d'ici !

Il m'est impossible de bouger. L'officier est en colère, lui aussi. Il veut me donner un coup de poing. Alors je lui dis de me laisser tranquille. Il sort son épée* et je sors la mienne. La vieille Dorothée me prend le bras et l'officier me donne un coup d'épée sur la tête. Je jette Dorothée par terre. Puis, comme l'officier veut encore me battre, je le frappe avec mon épée. Il est mort.

Carmen dit à la vieille de partir. Je sors, moi aussi, dans la rue et je commence à courir. Soudain, j'entends du bruit. Quelqu'un court derrière moi. Je me retourne. C'est Carmen.

– Grand idiot ! me dit-elle. Tu ne sais faire que des bêtises. Je te l'ai pourtant dit que j'apporterais le malheur sur toi ! Enfin, tu as de la chance d'avoir pour amie une bohémienne. Attends-moi dans cette rue. Je reviens tout de suite.

*D*ans la montagne

Elle disparaît et revient bientôt avec un manteau qu'elle est allée chercher dans un autre endroit. Elle me fait enlever mon costume de soldat et met le manteau sur ma chemise. Comme ça, personne ne peut me reconnaître.

Elle me conduit ensuite dans une petite rue et me fait entrer dans une maison pareille à celle de Dorothée. Elle et une autre bohémienne me font boire quelque chose de chaud et me soignent mieux qu'un médecin. Enfin, comme je suis très fatigué, je m'endors.

Elles me font boire sûrement quelque chose de mystérieux, que seulement les bohémiens connaissent, car je me réveille le lendemain très tard et j'ai mal à la tête.

Le souvenir me revient, maintenant que je vais mieux, de tout ce qui s'est passé hier soir, dans la maison de Dorothée, et comment j'ai tué, d'un coup de mon épée, un officier de mon régiment.

Je suis perdu. Si les soldats m'arrêtent, je serai condamné à mort.

Debout à côté de mon lit, Carmen et l'autre bohémienne parlent dans leur langue. Ensuite, elles me disent que je suis guéri, mais que je dois partir de Séville et me cacher là où les soldats ne pourront pas me trouver.

– Mon garçon, me dit Carmen, il faut que tu fasses quelque chose. Maintenant que l'armée ne te donne plus à manger, il faut que tu penses à trouver ta nourriture tout seul. Tu es trop bête pour voler comme les bohémiens, mais tu es assez fort pour t'en aller dans la montagne et devenir contrebandier. C'est mieux que d'être arrêté par les soldats.

Voilà, monsieur, comment cette fille du diable me parle de mon nouveau métier !

Mais Carmen a raison. Maintenant que je suis coupable, je n'ai pas le choix : je dois m'enfuir dans la montagne si je ne veux pas être tué par les soldats.

Alors, je me décide sans beaucoup réfléchir. Et puis, je me dis que dans ma nouvelle vie de contrebandier, Carmen sera toujours près de moi. Je connais l'histoire de plusieurs contrebandiers qui passent leur vie dans la montagne, avec leur amie assise derrière eux, sur le même cheval.

Et je me vois déjà dans la montagne, avec Carmen derrière moi sur mon cheval !

Quand je lui en parle, Carmen rit, et elle me dit qu'il n'y a rien de plus beau qu'une nuit passée à la belle étoile, dans la montagne.

Alors, je lui dis :

– Si tu viens avec moi dans la montagne, je serai sûr de toi. Là-haut, il n'y aura pas d'officier pour te voler à moi.

– Ah ! dit-elle. Tu es donc jaloux ? Alors, tant pis pour toi !

Quand elle me parle comme ça, monsieur, j'ai envie de la tuer !

Enfin, elle m'apporte un costume de ville et je peux partir de Séville bien tranquille.

Je vais d'abord à Jerez*, avec une lettre de Lillas Pastia, le marchand de poisson, pour un marchand de vin. C'est chez lui que se réunissent les contrebandiers. Là, il me présente aux autres. Le chef, qui s'appelle Dancaïre, accepte de me prendre dans sa bande.

Nous partons pour la ville de Gaucin*, où je retrouve Carmen.

Elle revient de Gibraltar*, où, grâce au patron d'un bateau, elle a réussi à envoyer, par mer, des marchandises de contrebande.

Nous allons les chercher sur la plage, puis nous allons nous cacher dans la montagne. Ensuite, nous partons pour la ville de Ronda où Carmen nous attend déjà. Elle nous dit l'heure où nous devons entrer dans la ville et éviter les soldats.

Ce premier voyage et quelques autres se passent bien. La vie de contrebandier me plaît mieux que la vie de soldat.

Je fais des cadeaux à Carmen. J'ai une femme et de l'argent.

Je suis tranquille car, comme disent les bohémiens, dans la vie, pour être heureux, il ne faut pas s'en faire [1].

Nous sommes très bien reçus partout où nous allons. Les contrebandiers sont gentils avec moi. Ils savent que j'ai tué un officier. Pour eux, c'est très important. Je suis quelqu'un qui n'a pas peur. Donc, je suis un bon contrebandier.

---

1. Il ne faut pas s'en faire : il ne faut pas se poser trop de questions.

Carmen et moi, nous allons nous cacher dans la montagne.

Ce qui me plaît encore plus dans ma nouvelle vie, c'est que je vois souvent Carmen. Elle me montre plus d'amitié que jamais. Mais les autres ne doivent pas savoir qu'elle est mon amie. Je ne dois pas le dire. Et comme je suis faible avec elle, je fais tout ce qu'elle veut.

C'est la première fois, depuis que je la connais, qu'elle se montre aussi gentille avec moi. Je pense qu'elle est devenue, enfin, une femme sérieuse. Et comme je suis bête, je crois qu'elle a vraiment changé !

Notre bande est faite de dix hommes, tous des bohémiens. Elle se réunit seulement pour faire de la contrebande. La plupart du temps, nous ne sommes pas ensemble. Pour ne pas être découverts par les soldats, nous disons à tout le monde que nous avons un autre métier : l'un est réparateur de casseroles, l'autre est vendeur de chevaux. Et moi, je suis marchand de dentelle !

Mais je ne me montre pas dans les villes, seulement dans les villages, car je ne dois pas oublier que j'ai tué un officier à Séville et quelqu'un peut me reconnaître.

Alors, pauvre de moi !

Un jour, Dancaïre, notre chef, me dit :

– Nous allons avoir un autre contrebandier avec nous. Carmen vient, encore une fois, de se moquer des soldats. Elle a réussi à libérer son *rom* qui était en prison !

Je commence déjà à comprendre la langue des bohémiens. Je sais que *rom* veut dire mari.

Je suis surpris.

– Comment ! dis-je. Son mari ! Elle est donc mariée ?

Dancaïre me répond :

– Oui, à Garcia le Borgne [1], un bohémien aussi intelligent qu'elle. Il était enfermé, le pauvre. Cela fait deux ans que Carmen cherche à le faire sortir. Enfin, elle s'est si bien entendue avec un officier de la prison que le voilà libre. Ah ! cette fille vaut de l'or !

Garcia le Borgne

Vous comprenez facilement, monsieur, comme je suis malheureux quand j'apprends cette nouvelle !

Quelques jours après, arrive Garcia le Borgne. C'est un bohémien tout noir et qui a l'air d'être le plus méchant de tous les bohémiens que je connais !

Carmen vit maintenant avec lui. Quand elle l'appelle son *rom* devant moi, il faut voir avec

---

1. Borgne : qui n'a qu'un œil.

quels yeux elle me regarde, et aussi comment elle se moque de Garcia quand il ne la voit pas !

Je suis en colère et, pendant toute la nuit, je ne lui parle pas.

Le lendemain, nous sommes déjà en route quand nous rencontrons des soldats qui nous suivent à cheval.

La plupart des contrebandiers se sauvent, car ils ont peur et ne veulent pas se battre. Pour pouvoir partir plus vite, ils laissent les chevaux chargés avec nos marchandises et se mettent à courir dans la montagne.

Nous sommes seulement cinq, maintenant : Garcia, Dancaïre, un autre contrebandier qu'on appelle Remendado, Carmen et moi.

Nous prenons autant de paquets de marchandises que nous pouvons et nous nous cachons au milieu des arbres et des rochers.

Les soldats tirent des coups de fusil contre nous. C'est la première fois que j'entends les coups de fusil aussi près de mes oreilles !

Mais je n'ai pas peur. Quand une femme vous regarde en un instant pareil, on se moque de la mort.

Nous réussissons à nous enfuir, mais pas le pauvre Remendado, qui reçoit un coup de fusil dans le dos.

Je jette mon paquet par terre et je veux prendre le pauvre garçon dans mes bras.

– Idiot ! me crie Garcia. Qu'avons-nous besoin d'un homme blessé ?

– Laisse-le, me dit Carmen.

Je suis fatigué. Je mets le corps du pauvre Remendado derrière un rocher, pour que les soldats ne le trouvent pas. Mais Garcia tire sur lui avec son fusil. Je regarde : le pauvre Remendado a le visage en sang. Il est mort.

– Comme ça, dit Garcia, personne ne pourra le reconnaître !

Voilà, monsieur, la belle vie que je mène dans la montagne !

Le soir, nous nous trouvons dans un endroit avec des arbres pour nous cacher.

Nous n'avons rien à manger. Nous avons perdu nos marchandises et nos chevaux. Et les soldats nous cherchent dans la montagne.

Devant tous ces malheurs, que fait Garcia le Borgne ? Eh bien, il sort un paquet de cartes de sa poche et il commence à jouer avec Dancaïre, tout près d'un feu qu'ils ont allumé ensemble !

Je suis couché dans l'herbe et je regarde les étoiles dans le ciel. Je pense au pauvre Remendado et je me dis qu'il vaut mieux être mort, comme lui, que de continuer à vivre comme un contrebandier dans la montagne.

Carmen est assise près de moi et, de temps en temps, elle fait du bruit avec ses castagnettes. Puis elle s'approche de moi, comme pour me parler à l'oreille, et elle me touche le visage avec ses lèvres.

Je lui dis :

– Tu es le diable !

Et elle me répond :

– Oui !

Après quelques heures de repos, elle s'en va dans la ville de Gaucin, et le lendemain matin, nous voyons arriver un garçon avec du pain qu'elle a acheté pour nous.

Merci Carmen !

Nous restons encore toute la journée dans la montagne et, la nuit suivante, nous partons, nous aussi, pour Gaucin.

Nous attendons des nouvelles de Carmen. Mais personne ne sait où elle se trouve. Nous retournons dans la montagne.

Encore une nuit et, le lendemain, nous voyons un homme qui conduit deux chevaux avec deux femmes. L'une d'elles est habillée comme une femme riche, avec un parapluie pour se cacher du soleil ; l'autre est plus pauvre.

Garcia nous dit :

– Voilà deux chevaux et deux femmes que Saint-Nicolas nous envoie. J'aime mieux quatre chevaux, mais tant pis !

Il prend son fusil, il descend en direction du chemin, puis il se cache derrière les arbres. Nous le suivons, à peu de distance, Dancaïre et moi.

Quand nous sommes tout près du chemin, nous sortons de derrière les arbres et nous crions à l'homme de s'arrêter.

La femme bien habillée n'a pas peur de nous. Elle nous regarde et elle se met à rire.

– Ah ! les idiots qui me prennent pour une femme de la ville ! dit-elle.

C'est Carmen !

Elle est si bien habillée qu'il est impossible de la reconnaître.

Elle descend de son cheval et parle pendant quelque temps, en bohémien, avec Garcia et Dancaïre.

Puis elle me dit :

– Ami, nous nous verrons avant que tu sois tué par les soldats ! Je vais à Gibraltar pour nos affaires. Tu entendras bientôt parler de moi !

Elle part de nouveau. Mais, avant, elle nous dit l'endroit où nous pourrons attendre de ses nouvelles tranquillement.

Carmen travaille avec nous. Elle nous donne des informations sur les bonnes affaires qu'on peut faire dans la montagne.

Elle nous envoie de l'argent et aussi une lettre pour nous dire que bientôt deux riches Anglais vont voyager entre Gibraltar et Grenade et que nous pouvons les attendre à tel endroit dans la montagne.

Quand le jour arrive, nous les arrêtons, et Garcia veut les tuer. Mais Dancaïre et moi, nous ne sommes pas d'accord avec lui. Nous décidons de leur prendre seulement l'argent, les montres et les chemises, car nous en avons grand besoin, et nous les laissons partir.

Monsieur, on devient voleur sans y penser. Une jolie femme vous fait perdre la tête, on se bat pour elle, on tue quelqu'un, un malheur arrive et il faut vivre caché dans la montagne, comme un contre-bandier. Et puis, de contrebandier on devient voleur, avant d'avoir réfléchi.

Pendant plusieurs jours, nous n'entendons plus parler de Carmen.

Dancaïre dit :

– Il faut que l'un de nous entre dans Gibraltar pour avoir des nouvelles. Elle doit préparer quelque affaire pour nous. J'irais bien, mais je suis trop connu là-bas.

Le Borgne dit :

– Moi aussi, on m'y connaît. Je me suis trop moqué des Anglais ! Et comme j'ai seulement un œil, je suis facile à reconnaître.

– Il me faut donc y aller ? dis-je, content à la seule idée de revoir Carmen. Voyons, que faut-il faire ?

Les autres me disent :

– Quand tu seras à Gibraltar, va sur le port et demande où habite une marchande de chocolat qui s'appelle Rollona. Quand tu l'auras trouvée, tu apprendras de sa bouche ce qui se passe en ville.

L' Anglais de Gibraltar

Je pars pour Gibraltar comme marchand d'oranges. À Ronda, un bohémien me donne un passeport et à Gaucin un autre me donne un cheval. Je le charge d'oranges et je me mets en route.

J'arrive à Gibraltar. Je ne trouve pas la marchande de chocolat qui doit me dire où est Carmen. Ici, tout le monde la connaît, mais personne ne sait ce qu'elle est devenue. Peut-être qu'elle est partie pour une autre ville, peut-être qu'elle est morte, peut-être qu'elle est en prison.

Alors, pour ne pas continuer à perdre mon temps, je laisse mon cheval dans une auberge, je prends mes oranges, puis je me promène dans les rues de Gibraltar, comme un marchand d'oranges, mais, en réalité, c'est pour trouver Carmen.

Je rencontre beaucoup de bohémiens. Ils savent peut-être où habite Carmen. Mais je n'ai pas confiance, je ne les connais pas. Ils voient bien que je suis un voleur et un contrebandier comme eux, mais eux non plus n'ont pas confiance en moi. Tout le monde se méfie.

Après deux jours passés à marcher dans les rues, je n'ai encore rien appris sur Carmen. Ni où elle habite ni même si elle se trouve encore à Gibraltar. Je pense sérieusement à retourner dans la montagne.

Mais voilà que je marche dans une rue et que j'entends soudain, depuis la fenêtre d'une maison, une femme qui m'appelle :

– Marchand d'oranges !

Je lève la tête et je vois Carmen. Elle se trouve à la fenêtre du premier étage, à côté d'un gros officier en uniforme rouge et or. C'est un riche Anglais.

Carmen, elle, est habillée comme une femme de la ville : une belle mantille sur les épaules et un bijou en or sur les cheveux. Mais elle est bien la même Carmen que je connais : elle me regarde depuis la fenêtre et elle rit de mon étonnement ! Encore une fois, elle s'amuse et se moque de moi !

L'Anglais me dit de monter dans l'appartement, que Madame a vu mes oranges et qu'elle veut m'en acheter.

Carmen me dit en basque :

– Monte et ne t'étonne de rien.

Rien ne m'étonne plus depuis que je connais Carmen !

Je ne sais pas si je suis content ou malheureux de la retrouver.

Je monte au premier étage et j'entre dans un grand salon avec des rideaux et des meubles magnifiques.

Mais je ne suis pas au bout de mes surprises. Carmen me dit encore en basque :

– Tu ne sais pas parler en espagnol et tu ne me connais pas.

Puis elle se tourne vers l'Anglais.

– Je vous le disais bien, dit-elle. C'est bien un Basque. Vous allez entendre quelle drôle de langue il parle. Comme il a l'air bête ! On dirait un chat qu'on a pris par la queue !

– Et toi, lui dis-je dans ma langue, tu as l'air d'une femme très peu sérieuse et j'ai bien envie de te dessiner deux croix de Saint-André sur les joues, avec mon couteau et devant ton ami anglais !

– Mon ami ! dit-elle. Tiens ! Tu as trouvé cela tout seul ? Et tu es jaloux de cet idiot ? Tu es encore plus bête qu'avant nos rendez-vous chez Dorothée, dans la rue de la Lampe ! Tu ne vois pas que je fais avec lui des affaires, pendant que toi, Garcia et Dancaïre vous vous cachez dans la montagne ?

Cette maison est à moi. L'argent de l'Anglais sera à moi. Je me moque de lui comme je veux. Je vais le conduire dans un endroit de la montagne d'où il ne sortira plus jamais !

– Et moi, lui dis-je, si tu fais encore des affaires comme ça, je ferai si bien avec toi que tu n'auras plus envie de recommencer avec quelqu'un d'autre !

– Ah oui ? Es-tu mon *rom* pour me donner des ordres ? Le Borgne est d'accord. Tu n'as donc rien à dire. Tu dois être content d'être mon seul ami.

– Qu'est-ce qu'il dit ? demande alors l'Anglais.

– Il dit qu'il a soif et qu'il veut boire un coup ! répond Carmen.

Et elle s'assoit dans un fauteuil et elle commence à rire. Elle s'amuse bien, parce que l'Anglais ne comprend pas.

Quand Carmen rit, monsieur, il est impossible de parler sérieusement !

Le gros Anglais se met à rire, lui aussi, comme un idiot, et demande qu'on m'apporte à boire.

Pendant que je bois, Carmen me dit :

– Tu vois la bague qu'il a au doigt ? Si tu la veux, je te la donne.

Moi, je réponds :

– J'aime mieux me battre dans la montagne, avec ton Anglais, à coups de *maquila* !

– *Maquila*, qu'est-ce que cela veut dire ? demande l'Anglais.

– *Maquila*, dit Carmen, c'est une orange. N'est-ce pas un drôle de nom pour une orange ? Il dit qu'il veut nous faire manger du *maquila*.

– Oui ? dit l'Anglais. Eh bien, apporte encore demain du *maquila* !

Carmen rit encore une fois.

L'Anglais me donne une piastre. Alors, Carmen rit encore plus fort. Elle ne peut plus s'arrêter de rire. C'est si amusant !

Je sors du salon. Alors, Carmen me dit :

– Demain, quand tu entendras le tambour dans la caserne, viens ici avec des oranges. Tu trouveras une chambre plus belle que celle de la rue de la Lampe et tu verras si je suis toujours ta Carmen.

Je me trouve déjà dans la rue, quand l'Anglais me crie depuis la fenêtre :

– Apportez demain du *maquila* !

Et j'entends encore le rire de Carmen.

Après ça, je ne peux pas dormir pendant toute la nuit. Je suis en colère contre Carmen. Je décide de partir tout de suite à la montagne. Mais le lendemain, quand j'entends le bruit du tambour, je n'ai plus envie de partir !

Je prends mes oranges et je cours chez Carmen. La porte est ouverte. J'entre. Carmen est toute seule dans la maison. Dès qu'elle me voit, elle se met à rire et elle se montre gentille avec moi.

Jamais je ne l'ai vue aussi belle. Elle est habillée comme une reine. Dans la chambre, les meubles sont tous très beaux. Et moi, je suis habillé comme un voleur !

– Mon ami, me dit Carmen, j'ai envie de tout casser ici, de mettre le feu à la maison, de brûler tous les meubles et de partir avec toi dans la montagne !

Et elle se montre tendre... Et elle rit... Et elle danse... Puis elle déchire sa belle robe, pour me montrer que tout ça n'est pas important pour elle.

Quand elle devient enfin sérieuse, elle me dit :

– Écoute, l'Anglais va me conduire à Ronda. Il croit que j'ai, là-bas, une sœur qui vit dans l'église !

Et la voilà qui commence à rire.

– Je le ferai passer par un certain endroit dans la montagne, dit-elle. Vous l'attendrez là et vous lui volerez tout son argent.

Puis elle ajoute avec un sourire mauvais :

– Il vaut peut-être mieux le tuer.

Ce sourire-là, monsieur, personne n'a envie de le voir sur le visage de Carmen !

Elle me dit encore :

– Écoute, il faut que Garcia arrive le premier. Comme ça, l'Anglais le tue et toi et Dancaïre vous tuez l'Anglais. Tu comprends ?

Elle rit de nouveau et son rire me fait peur.

Alors, je lui réponds :

– Je n'aime pas Garcia, mais nous sommes ensemble dans la montagne. Plus tard, je me battrai peut-être avec lui, mais comme on se bat dans mon pays. Je ne suis pas bohémien, je suis basque.

Elle me dit :

– Tu es un idiot ! Tu ne m'aimes pas ! Va-t'en !

La partie de cartes

Quand Carmen me dit « Va-t'en », je ne peux pas m'en aller. Je reste là, sans bouger. Alors, je lui promets de retourner dans la montagne et d'y attendre l'Anglais.

Je reste, cependant, deux jours encore à Gibraltar. Carmen vient me voir dans mon auberge et nous passons plusieurs heures ensemble. Enfin, je pars.

Mais, moi aussi, j'ai mon plan.

Dans la montagne, je retrouve Garcia et Dancaïre qui m'attendent depuis que je suis parti pour Gibraltar. Je leur apporte des nouvelles de Carmen. Nous passons la nuit près d'un feu qu'ils ont allumé dans un coin de la forêt.

Je propose à Garcia de jouer aux cartes. Il accepte. À la deuxième partie, je lui dis qu'il ne joue pas bien et qu'il veut me voler mon argent. Il se met à rire. Je lui jette mes cartes au visage. Il veut prendre son fusil, mais je mets mon pied dessus et je lui dis :

– On dit que tu te bats très bien au couteau. Veux-tu te battre contre moi ?

Il est en colère. Il sort son couteau. Alors, moi, je sors le mien.

Garcia est prêt à se jeter sur moi comme un chat sauvage sur un lapin. Moi, je suis debout, en face de lui. Je me sens plus fort qu'un géant[1].

Il se jette sur moi. Mais je suis plus rapide que lui et je fais entrer mon couteau dans sa poitrine. C'est fini. Il tombe, mort, par terre, juste devant moi.

– Qu'est-ce que tu as fait ? me dit Dancaïre.

Je lui réponds :

– Écoute, j'aime Carmen et je veux être seul avec elle. Garcia était méchant. Je me rappelle ce qu'il a fait au pauvre Remendado. Nous ne sommes plus que toi et moi. Veux-tu de moi pour ami ?

Dancaïre me tend la main.

– Des histoires de femmes ! dit-il. Maintenant, nous ne sommes plus que deux. Comment ferons-nous demain ?

Je lui réponds :

– Laisse-moi faire. Maintenant, je me moque du monde entier !

Nous enterrons Garcia et nous allons dormir un peu plus loin.

Le lendemain, Carmen et l'Anglais arrivent, avec deux hommes et des chevaux.

Je dis à Dancaïre :

– Je m'occupe de l'Anglais. Fais peur aux deux autres, ils n'ont pas de fusils.

L'Anglais sait se battre. Heureusement, Carmen le pousse et d'un coup de couteau je le tue.

---

1. Géant : homme très grand et très fort.

J'ai de nouveau Carmen pour moi tout seul.

Je lui apprends la mort de Garcia et comment nous nous sommes battus.

– Il en a tué de plus forts que toi, me dit-elle. Bah ! c'est parce que son heure est arrivée. La tienne aussi arrivera un jour.

– Et la tienne aussi, dis-je, si tu n'es pas sérieuse avec moi !

– Tant mieux ! dit-elle. Je sais que nous devons mourir ensemble.

Et elle fait du bruit avec ses castagnettes. Elle le fait toujours quand elle ne veut plus penser à une chose qui la rend triste.

Je vous ennuie, peut-être, monsieur, avec mon histoire. Mais j'ai bientôt fini.

Cette vie dans la montagne dure assez long-temps. Pendant quelques mois, je suis assez content de Carmen. Elle nous informe sur les voyageurs qui viennent dans la montagne et qui ont de l'argent. Elle habite un jour à Malaga, un autre à Cordoue, un autre à Grenade.

Mais quand je le veux, elle vient me trouver dans une auberge où nous sommes tranquilles. Une fois, pourtant, elle ne vient pas. J'apprends qu'elle se trouve avec un riche marchand de Malaga. Je me rappelle l'histoire du riche Anglais de Gibraltar.

Je prends des risques. j'entre en plein jour dans Malaga, au milieu des soldats qui me cherchent, je trouve Carmen et nous partons ensemble dans la montagne.

Là, nous nous disputons.

– Depuis que tu es mon *rom*, me dit-elle, je t'aime moins que quand tu étais mon ami. Je ne veux pas qu'on me donne des ordres. Je veux être libre et faire ce qui me plaît. Si tu m'ennuies, je trouverai quelqu'un qui te fera comme tu as fait à Garcia le Borgne !

Dancaïre nous dit de ne plus nous disputer. Mais il est trop tard. Entre Carmen et moi, ce n'est plus comme avant.

Peu de temps après, les soldats nous découvrent dans la montagne. Nous nous battons. Dancaïre est tué et d'autres contrebandiers aussi. Moi, je reçois un coup de fusil.

Je me cache dans la forêt avec mon cheval. Je tombe par terre et je crois que je vais mourir au milieu des arbres. J'arrive jusqu'à une grotte et j'attends Carmen.

Elle se trouve à Grenade. Quand elle apprend que je suis blessé, elle vient tout de suite dans la montagne, elle reste près de moi et me soigne.

Dès que je peux marcher elle me conduit à Grenade dans le plus grand secret. Les bohémiens trouvent partout des amis prêts à les aider.

Je passe six semaines dans une maison à côté de la caserne des soldats qui me cherchent. Quand je regarde par la fenêtre, je les vois qui marchent dans la rue.

Enfin, je suis guéri. Mais j'ai bien réfléchi pendant que j'étais couché sur le lit.

J'ai pris la décision de changer de vie. Je demande à Carmen de partir avec moi en Amérique et de nous installer là-bas comme des gens sérieux et non plus comme des voleurs.

Elle se moque de moi.

– Nous ne sommes pas faits pour travailler la terre comme des agriculteurs, dit-elle. Notre vie, à nous, c'est de voler tous ceux qui ne sont pas bohémiens, et de faire de la contrebande. Tiens ! J'ai une affaire avec un marchand de Gibraltar. Il a des marchandises à faire transporter. Veux-tu continuer, oui ou non ?

Encore une fois, je me laisse entraîner et je reprends mon métier de contrebandier.

Le beau picador

Pendant que je suis caché à Grenade, il y a des courses de taureaux*. C'est un spectacle où Carmen aime beaucoup aller.

Elle y va souvent et, quand elle revient, elle parle tout le temps d'un picador* très habile qui s'appelle Lucas. Elle sait le nom de son cheval et combien coûte son beau costume.

D'abord, je ne fais pas attention. Mais, bientôt, j'apprends que Carmen et Lucas sont allés ensemble chez un marchand de Grenade.

Cela commence à m'inquiéter. Je demande à Carmen comment et pourquoi elle a fait connaissance avec le picador.

– C'est un garçon, me dit-elle, avec qui on peut faire une affaire. Il gagne beaucoup d'argent aux courses. De deux choses l'une : ou bien, il faut avoir cet argent ; ou bien, comme c'est un bon cavalier et qu'il n'a pas peur, on peut le prendre dans notre bande. Il faut remplacer tous ceux qui ont été tués par les soldats.

– Je ne veux, dis-je, ni de son argent ni de sa personne. Et je t'interdis de lui parler.

– Fais attention, me dit-elle. Quand on m'interdit de faire une chose, elle est bientôt faite !

Heureusement, le picador part pour Malaga, et moi, je continue à faire de la contrebande avec des gens de Gibraltar. J'ai beaucoup de travail, pendant un certain temps, et j'oublie Lucas. Peut-être que Carmen l'oublie, elle aussi. Pour l'instant, du moins.

Mais cela ne dure pas. Bientôt, nous avons encore une violente dispute et je la frappe. Elle pleure. C'est la première fois que je la vois pleurer et cela ne me plaît pas. Je lui demande pardon. Mais elle ne veut rien entendre. Quand je pars dans la montagne, elle ne veut pas venir avec moi.

Mais quand, trois jours après, elle vient me retrouver, elle a l'air heureuse et elle rit tout le temps. Tout est oublié et nous avons l'air de deux jeunes amoureux !

Au moment de partir, elle me dit :

– Il y a une fête à Cordoue. J'y vais. J'essayerai de savoir quels voyageurs partent avec de l'argent et je te dirai où tu peux les attendre dans la montagne.

Je la laisse partir.

Resté seul, je pense à cette fête et à ce changement de Carmen. Soudain, je me dis : « Elle m'a sûrement trompé et elle est devenue l'amie de Lucas, car elle est très heureuse ! »

Quelqu'un me dit qu'il y a des courses de taureaux à Cordoue.

Le sang me monte au visage, je suis en colère et comme un fou, je vais aux arènes*, où a lieu la course.

Là, on me montre Lucas et, assise sur un banc, contre la barrière, je vois Carmen.

Il me suffit de la voir une minute pour être sûr qu'elle est vraiment devenue l'amie de Lucas.

Sur son cheval, Lucas fait des tours pour plaire à Carmen. Carmen est contente. Elle rit. Ils se connaissent, maintenant, j'en suis sûr.

Avec sa lance, Lucas enlève une fleur au taureau et la donne à Carmen qui, tout de suite, la met dans ses cheveux !

Heureusement, à cet instant, le taureau renverse le cheval. Lucas tombe par terre. Il est blessé.

Je regarde Carmen. Elle est déjà partie.

Je sors et je vais dans une certaine maison où je suis sûr de trouver Carmen, et je l'attends.

Quand elle arrive, elle est étonnée de me voir là.

– Viens avec moi, lui dis-je.

Le taureau renverse le cheval.
Lucas tombe. Il est blessé.

– Eh bien, dit-elle, partons !

Je vais prendre mon cheval et nous marchons toute la nuit sans nous dire un seul mot.

Nous nous arrêtons, le lendemain matin, dans une auberge isolée, près d'une petite église, dans la montagne.

Là, je dis à Carmen.

– Écoute, j'oublie tout. Je ne te parlerai plus de rien. Mais promets-moi une chose : c'est que tu vas venir en Amérique avec moi et que tu te tiendras tranquille.

– Non, dit-elle, je ne veux pas aller en Amérique. Je me trouve bien ici.

– C'est parce que tu aimes Lucas. Il est blessé. Et même s'il guérit de ses blessures, il ne restera pas longtemps en vie. Mais pourquoi est-ce que je dois le tuer, lui aussi ? Je suis fatigué de tuer tous tes amis. C'est toi que je tuerai la prochaine fois !

Elle me regarde fièrement avec son regard sauvage, puis elle me dit :

– Oui, je le sais. J'ai vu un homme d'Église dans la rue. Et cette nuit, quand nous sommes partis de Cordoue, un lièvre [1] a traversé le chemin entre les pieds de ton cheval [2].

Je lui demande :

– Carmen, est-ce que tu ne m'aimes plus ?

Elle ne répond pas. Elle est assise par terre et elle dessine des choses mystérieuses avec son doigt.

– Changeons de vie, Carmen, lui dis-je, avec douceur. Allons vivre quelque part où nous serons toujours ensemble.

Elle se met à sourire et elle me dit :

– Moi d'abord, toi ensuite. Je sais que cela doit arriver. Cela arrivera.

– Réfléchis, lui dis-je. Je suis au bout de ma patience.

La mort de Carmen

Je la laisse un instant dans l'auberge et je vais me promener du côté de la petite église.

Je trouve le curé [3] qui prie [4].

J'attends que sa prière soit finie. Je voudrais bien prier, moi aussi, mais je ne le peux pas.

Quand il se lève, je vais à lui.

– Mon père, lui dis-je, voulez-vous prier pour quelqu'un qui est en grand danger ?

---

1. Lièvre : lapin des champs.
2. Carmen, en bonne bohémienne, fait attention à ces choses qui, d'après elle, ne peuvent rien apporter de bon.
3. Curé : homme d'Église.
4. Prier : ici, parler à Dieu en silence.

– Je prie pour tous ceux qui en ont besoin, me dit-il.

– Pouvez-vous dire une prière pour quelqu'un qui va peut-être mourir bientôt ?

– Oui, répond-il.

Il me regarde. Et comme il voit sur mon visage quelque chose de bizarre, il veut me faire parler.

– Je crois que je vous connais, dit-il.

Je ne réponds pas.

Je mets une piastre sur son banc et lui demande :

– Quand allez-vous prier ?

– Dans une demi-heure.

Ensuite, il me dit :

– Dites-moi, jeune homme, n'avez-vous pas quelque chose sur la conscience qui vous tourmente ? Voulez-vous écouter les conseils d'un homme d'Église ?

Je me sens près de pleurer. Je lui dis que je reviendrai et je m'en vais.

Je vais me cacher dans l'herbe et je reste là jusqu'à l'instant où j'entends sonner la cloche de l'église.

Alors, je m'approche, mais je reste à la porte.

Quand le curé a fini de prier, je retourne à l'auberge.

J'espère que Carmen sera partie. Elle peut s'enfuir sur mon cheval, si elle le veut.

Mais elle est là qui m'attend.

Elle est assise devant la table et elle regarde avec attention dans une carafe pleine d'eau.

Elle est si occupée par sa magie qu'elle ne s'aperçoit pas tout de suite de mon retour. Tantôt elle prend la carafe et la tourne de tous côtés d'un air triste et tantôt elle chante une de ces chansons magiques que les bohémiennes chantent quelquefois.

– Carmen, lui dis-je, veux-tu venir avec moi ?

Elle se lève, met sa mantille sur sa tête, comme prête à partir.

On m'amène mon cheval et nous partons ensemble dans la montagne.

– Ainsi, lui dis-je, ma Carmen, après un bout de chemin, tu veux bien me suivre, n'est-ce pas ?

– Je te suis à la mort, oui, mais je ne vivrai plus avec toi.

Nous nous trouvons au milieu d'une forêt. J'arrête mon cheval.

– C'est ici ? dit-elle.

Elle descend de cheval, enlève sa mantille, la jette à ses pieds, se tient immobile et me regarde droit dans les yeux.

– Tu veux me tuer, je le vois bien, dit-elle. C'est décidé depuis longtemps.

– Je t'en prie, lui dis-je. Sois raisonnable. Écoute-moi ! Tout le passé est oublié. Pourtant, tu le sais : c'est pour toi que je suis devenu un voleur et un assassin. Carmen ! ma Carmen ! Laisse-moi te sauver et me sauver avec toi.

– José, répond-elle, tu me demandes l'impossible. Je ne t'aime plus. Toi, tu m'aimes encore, et c'est pour cela que tu veux me tuer. Je peux bien encore te dire quelque mensonge, te faire croire que je t'aime encore, mais je n'en ai plus envie. Tout est fini entre nous. Tu es mon *rom* et tu as le droit de tuer ta *romi*. Mais Carmen sera toujours libre. Bohémienne elle est, bohémienne elle doit mourir.

Je lui demande :

– Tu aimes donc Lucas ?

– Oui, répond-elle, je l'ai aimé, comme toi, un instant, moins que toi, peut-être. Maintenant, je n'aime plus personne.

Je me jette à ses pieds, je lui prends les mains, je les arrose avec mes larmes. Je lui rappelle tous les moments de bonheur que nous avons passés ensemble. Je lui dis que je vais rester contrebandier et voleur pour lui plaire. Tout, monsieur, tout, je lui offre tout pour qu'elle reste et qu'elle m'aime encore !

Elle me dit :

– T'aimer encore, c'est impossible. Vivre avec toi, je ne le veux pas.

La colère est plus forte que moi. Je sors mon couteau. Si seulement elle avait peur et me demandait pardon ! Mais Carmen, c'est vraiment le diable !

– Pour la dernière fois, lui dis-je. Reste avec moi !

– Non ! Non ! Non ! dit-elle, en frappant du pied par terre.

Et elle enlève de son doigt une bague que je lui ai donnée et elle la jette dans l'herbe.

Alors, je la frappe deux fois avec mon couteau. Elle tombe au deuxième coup, sans crier. Je crois encore voir ses grands yeux noirs me regarder fièrement, puis se fermer.

Je reste une bonne heure, désespéré, à côté de son corps. Je me rappelle que Carmen m'a dit souvent qu'elle aimerait être enterrée [1] dans une forêt. Je lui creuse une tombe [2] avec mon couteau et je l'y dépose. Je cherche longtemps sa bague dans l'herbe et, enfin, je la trouve. Je la mets dans la tombe avec elle, et aussi une petite croix.

Ensuite, je monte sur mon cheval. Je vais jusqu'à Cordoue et, aux premiers soldats que je rencontre, je me fais reconnaître. Ils m'arrêtent.

Je dis que j'ai tué Carmen, mais je ne dis pas où se trouve son corps.

Le curé de la petite église est un saint homme. Il prie pour elle !

Pauvre enfant ! Ce sont les bohémiens qui sont coupables. Ce sont eux qui l'ont élevée ainsi...

---

1. Enterrer : mettre quelqu'un qui vient de mourir dans la terre.
2. Tombe : l'endroit, dans la terre, où l'on met le corps d'un mort.

Mots et expressions

L'Espagne et ses régions

Andalousie, *f.* : l'histoire de Carmen se passe dans cette région du sud de l'Espagne. C'est un endroit très pauvre où habitent beaucoup de bohémiens. On parle de plusieurs villes d'Andalousie dans l'histoire de Carmen : Cordoue, Gaucin, Grenade, Jerez, Malaga, Ronda. Les Arabes ont occupé l'Espagne et surtout l'Andalousie au VIIIe siècle. On appelle les Arabes installés en Espagne les Maures. Lorsque don José parle du mari de Carmen, il dit qu'il est noir comme un Maure.

Castille, *f.* : région du centre de l'Espagne où se trouve la capitale : Madrid.

Gibraltar : région d'Andalousie en face de l'Afrique, occupée par les Anglais. Les contrebandiers font passer les marchandises par la mer. Nous parlons aussi du détroit de Gibraltar.

Maquila, *f.* : objet fait avec du bois et du fer. Les Basques se battent à coups de *maquila*.

Pays Basque espagnol, *m.* : région du nord de l'Espagne, à côté de la France. C'est une région de hautes montagnes. Les habitants s'appellent les Basques ou les Navarrais.

Pelote basque, *f.* : (jeu des Basques) on lance une balle contre un grand mur.

La vie militaire

Armée, *f.* : tous les hommes qui défendent un pays. Quelquefois, l'armée doit faire la guerre.

Caserne, *f.* : endroit où vit l'armée.

Cavalerie, *f.* : certains soldats se trouvent toujours à cheval. Ils s'appellent les cavaliers. Ils sont dans la cavalerie.

Épée, *f.* : long couteau avec lequel on peut se battre.

Monter la garde : les soldats doivent garder la caserne ou d'autres endroits. Ils montent la garde.

Officier, *m.* : il dirige des hommes dans l'armée. Dans ce récit, on trouve par ordre d'importance : brigadier, colonel.

Prison, *f.* : quand un militaire n'obéit pas ou quand il fait une faute, il est enfermé dans une pièce où il reste seul plusieurs jours ou plusieurs mois.

Régiment, *m.* : les soldats ne sortent pas tous ensemble. Le régiment est une partie de l'armée.

Soldats, *m.* : ces hommes qui se trouvent dans l'armée s'appellent des soldats ou des militaires.

Tambour, *m.* (sonner le) : caisse en bois sur laquelle on frappe avec deux petits bâtons. Le tambour appelle le soldat et il doit retourner à la caserne.

Les traditions espagnoles

Castagnettes, *f.* : deux morceaux de bois que l'on met dans ses mains pour faire de la musique. Les bohémiennes se servent de castagnettes pour danser.

Course de taureaux, *f.* : les Espagnols adorent les courses de taureaux. Ces courses sont une bataille entre des hommes et des taureaux (mâles de la vache). Elles ont lieu dans une place ronde et fermée qu'on appelle les arènes. Cela se passe en été, le dimanche, à cinq heures de l'après-midi. Six toréadors ou matadors doivent tuer deux taureaux chacun. Ils sont aidés par d'autres toréadors à pied et aussi par des toréadors à cheval que l'on appelle «picadors».

Dentelle, *f.* : tissu très fin, travaillé selon un dessin, pour garnir les vêtements.

Guitare, *f.* : objet en bois, à cordes, qui fait de la musique. La guitare est très utilisée dans la musique espagnole. Les bohémiens dansent et chantent au son de la guitare.

Mantille, *f.* : carré de dentelle noir ou blanc, léger et très joli, que les Andalouses mettent sur leur tête ou sur leurs épaules.

Piastre, *f.* : monnaie en or employée dans plusieurs pays. En Espagne, elle valait cinq francs.

Tambourin, *m.* : petit tambour avec lequel on fait de la musique en frappant dessus avec les mains.

Activités

1. Mettre l'histoire dans l'ordre

○ **a.** Un jour, à Séville, don José emmène une femme en prison.

○ **b.** Carmen essaie de faire évader don José, mais il refuse.

○ **c.** Carmen dit à don José qu'elle ne l'aime plus. Il la tue.

○ **d.** Don José s'enfuit avec Carmen dans la montagne et devient contrebandier.

○ **e.** Don José propose à Carmen de partir en Amérique.

○ **f.** À sa sortie, il se retrouve simple soldat.

○ **g.** Don José découvre l'existence de Lucas le picador.

○ **h.** Don José va avouer son crime à la police. Il est condamné à mort.

○ **i.** Don José est jeté en prison.

○ **j.** Carmen entraîne à nouveau don José. Ils passent une journée ensemble.

○ **k.** Don José laisse Carmen s'enfuir.

○ **l.** Elle s'appelle Carmen, elle est très belle.

○ **m.** Fou de jalousie, don José tue l'officier qui est avec Carmen.

2. Répondre aux questions suivantes

• Pourquoi don José est-il condamné à mort ?

• Quel est le premier métier de don José ?

• Comment rencontre-t-il Carmen pour la première fois ?

• Quelle est la particularité de Carmen ?

• Pourquoi don José intervient-il dans la manufacture de tabac ?

• À sa sortie de prison, où rencontre-t-il Carmen ?

• Pourquoi don José n'arrive-t-il pas à oublier Carmen ?

• Quel est le crime de don José ? Comment peut-il être puni ?

• Pourquoi don José apprécie-t-il sa nouvelle vie ?

• Quelle est l'activité des contrebandiers ?

• Quelle nouvelle catastrophique apprend-il de Dancaïre ?

• Pourquoi Carmen est-elle gentille avec l'officier anglais ?

• Quelle proposition Carmen fait-elle à don José pour se débarrasser de Garcia ?

• Pourquoi Carmen et don José se disputent-ils souvent ?

• Quel est le rêve de don José ? Pourquoi est-il impossible ?

• Pourquoi Lucas le picador intéresse-t-il Carmen ?

• Pourquoi Carmen est-elle sûre de mourir ?

3. Vrai ou faux ?

	V	F
Don José est d'origine espagnole.	☐	☐
Don José surveille toujours la manufacture et connaît Carmen.	☐	☐
Carmen est du même pays que don José.	☐	☐
Parce qu'elle est très forte, Carmen réussit à échapper aux soldats.	☐	☐
Don José s'enfuit de prison grâce à la lime de Carmen.	☐	☐
Don José est jaloux du colonel.	☐	☐
Carmen sait parler plusieurs langues.	☐	☐
Don José choisit de devenir contrebandier.	☐	☐
Don José s'entend très bien avec Garcia.	☐	☐
Carmen ne sait pas prendre de décisions.	☐	☐
Don José pense que Carmen se moque toujours de lui.	☐	☐
Don José triche aux cartes pour se battre avec Garcia.	☐	☐
Don José, blessé, reste seul dans une grotte pour se soigner.	☐	☐
Lucas est devenu le nouvel ami de Carmen.	☐	☐
Don José va parler au curé, et écoute ses conseils.	☐	☐
Carmen demande à don José de la tuer.	☐	☐

4. Retrouver le nom des habitants de ces régions et de ces pays

- L'Angleterre
- Les États-Unis
- L'Andalousie
- Le Pays basque
- L'Espagne
- La Navarre.

5. Retrouver les définitions

a. Manufacture de tabac

b. Plaisanter

c. Régiment

d. Castagnettes

e. Mantille

f. Pouliche

g. S'enfuir

h. Uniforme

i. Géant

j. Magie

1. Homme grand et fort.
2. Habit que portent les soldats.
3. Instruments de musique.
4. Une partie de l'armée.
5. Parler pour faire rire.
6. Utilisée pour deviner l'avenir.
7. Endroit où l'on fabrique des cigarettes.
8. Partir en cachette.
9. Jeune cheval très vif.
10. Carré de dentelle pour couvrir les épaules.

6. Compléter les phrases suivantes avec les mots de la liste

> cartes – condamné – contrebandiers –
> courses de taureaux – épée – magie –
> marchandises – picador – soldat – tambourin.

a. Don José entre dans l'armée ; il est d'abord .... puis devient brigadier.

b. Don José est .... à deux mois de prison.

c. Carmen tient un .... à la main, elle danse et elle saute.

d. Don José monte la garde près d'un passage où les .... entrent et sortent avec leurs ....

e. Don José frappe l'officier avec son .... et le tue.

f. Garcia le Borgne sort un paquet de .... et joue au coin du feu.

g. Les .... sont un spectacle que Carmen aime beaucoup.

h. Lucas est un .... très adroit.

i. Carmen est occupée à sa .... et n'entend pas don José arriver.

7. Chassez l'intrus

Exemple : jupe – chemise – mantille – épingle

a. Espagne – Andalousie – Castille – Navarre

b. Officier – soldat – prison – cavalerie

c. Tambourin – guitare – castagnettes – bague

d. Assassin – contrebandier – brigand – brigadier

e. Course de taureaux – jument – picador – arènes

f. Ébloui – ensorcelé – envoûté – enragé

8. Remplir la grille grâce aux définitions suivantes

1. L'histoire de don José et de Carmen se passe dans cette région d'Espagne.
2. Les contrebandiers la passent d'un pays à l'autre par la montagne.
3. Deuxième activité de don José.
4. Carmen en est une.
5. On peut l'utiliser pour décorer les vêtements.
6. Elle sert à nettoyer le fusil.
7. Carmen en rencontre un à Gibraltar.
8. Les soldats en font partie.

9. Compléter avec le pronom personnel correct de la liste suivante

Y – en – le – la – les – l' – lui – leur

Le Pays basque est une province au nord de l'Espagne. don José .... vient. Il espère .... retourner après l'armée. Mais il rencontre Carmen. Elle .... plaît beaucoup ; elle n'a donc aucune difficulté à .... séduire. Il .... laisse s'échapper. En prison, elle .... envoie une lime. Mais il refuse de

.... utiliser. Quand il sort, il .... retrouve dans
Séville. Ils .... passent une journée ensemble. Ils
deviennent contrebandiers. Dancaïre et ses amis
.... rejoignent avec de la marchandise. Ils ....
font passer par les montagnes. Un jour, ils voient
des policiers qui .... descendent : ils ....
recherchent. Garcia le Borgne, Dancaïre, don José et
Carmen réussissent à .... échapper. Remendado
est blessé, Garcia le Borgne .... tue. Le lendemain,
Carmen se rend à Gaucin. Les contrebandiers ....
vont aussi, mais ils .... repartent rapidement.

10. Trouver la bonne réponse

Carmen dit à don José : « Ah ! Monsieur fait de la
dentelle ! ». Il rougit parce qu'il :
  a. a chaud. Il transpire beaucoup.
  b. est fier du compliment de Carmen.
  c. a honte. Faire de la dentelle n'est pas un métier
  d'homme.

don José met la fleur de Carmen dans sa chemise
parce qu'il veut :
  a. conserver un souvenir de sa rencontre avec
  Carmen.
  b. la mettre dans sa chambre dans un pot de
  fleur.
  c. la ramener en Navarre et l'offrir à sa mère.

En prison, don José trouve une lime dans le pain. Sur
le moment, il pense :
  a. « Dans une heure ou deux je serai libre. »
  b. « Je suis un honnête soldat. Pas question de
  fuir ! »
  c. « Le pain n'est pas bon en prison. »

Carmen déclare à don José : « Chien et loup ne restent pas longtemps ensemble ». Pourquoi ?

    a. Elle est Bohémienne, lui ne l'est pas.

    b. Il est homme, elle est femme.

    c. Il est soldat, elle fait de la contrebande.

À Gibraltar, don José rencontre Carmen en compagnie :

    a. d'un Anglais riche et gros, qui ne parle que basque.

    b. d'un Anglais riche et maigre, qui parle anglais et basque.

    c. d'un Anglais riche et gros, qui ne parle qu'anglais.

Lucas le picador plaît beaucoup à Carmen. Quand don José arrive à Málaga,

    a. elle en parle peu et y pense souvent.

    b. elle en parle beaucoup et y pense souvent.

    c. elle en parle beaucoup et y pense peu.

À la course de taureaux de Cordoue, don José a « le sang qui lui monte au visage » car :

    a. il est fou de jalousie en voyant Carmen et Lucas.

    b. il est fou de bonheur : Lucas est blessé.

    c. il est fou de rage devant la beauté de Carmen.

don José demande à Carmen « Aimes-tu Lucas ? » Elle répond :

    a. « Je l'ai aimé. Je l'aime encore et je l'aimerai toujours. »

    b. « Je ne l'ai jamais aimé, mais je le préfère à toi. »

    c. « Je l'ai aimé, comme toi, un instant. »

don José demande au curé de prier pour « quelqu'un qui est en grand danger ». Il s'agit de

    a. lui-même.

    b. Lucas.

    c. Carmen.

Avant de mourir, Carmen jette la bague que don José lui a offerte

    a. pour lui montrer qu'elle n'a pas peur de lui.

    b. pour lui expliquer qu'elle ne veut plus vivre avec lui.

    c. pour lui dire qu'elle veut mourir libre.

11. **Expliquer pourquoi Carmen est devenue un personnage célèbre.**

Pour aller plus loin

Contexte de l'œuvre

Quand Prosper Mérimée écrit *Carmen* en 1844, l'Espagne et les bohémiens sont très à la mode dans la France des romantiques. En littérature, les bohémiens sont des personnages inquiétants et les Espagnols sont décrits comme fiers et jaloux, le couteau toujours à la main.

Appelés « gitans » en France et en Espagne, « tziganes » en Europe de l'Est, les bohémiens sont arrivés en Europe au XVe siècle. Ils ne vivent pas comme tout le monde. Amoureux de leur liberté, ils n'ont pas de domicile fixe et voyagent beaucoup. Ils exercent souvent des métiers et des activités différents de ceux des autres habitants : musiciens, artistes, magiciens, vendeurs de chevaux... Mérimée utilise la fascination qu'ils exercent sur la population. Pour écrire *Carmen*, il étudie soigneusement la vie des bohémiens espagnols, la corrida et les contrebandiers lors de son voyage en Espagne en 1830.

Après la publication du livre, *Carmen* échappe à son auteur. Ce personnage romantique qui rend les hommes fous d'amour, les trompe et les pousse au crime, devient le symbole de la femme libre. Comme quelques autres personnages de la littérature internationale, Faust ou don Juan par exemple, Carmen est aujourd'hui une légende.

La violence des passions et la tragédie de l'amour fou qui entraîne les personnages malgré eux expliquent le succès de l'œuvre.

Postérité de *Carmen*

Carmen *et l'opéra*

Carmen devient un personnage célèbre grâce à la musique. En 1874, Georges Bizet écrit l'opéra *Carmen*. Il modifie un peu l'histoire.

À Séville en 1820, la jeune paysanne Micaëla cherche son amoureux, le brigadier don José. Un groupe de femmes sort de la manufacture de tabac. Carmen aperçoit don José, et tente de le séduire. Don José essaye en vain de l'ignorer. Peu après, Carmen est arrêtée à la suite d'une bagarre. Don José doit la surveiller. Ensorcelé, il la laisse s'échapper. Il passe deux mois en prison.

À sa sortie, il part à la recherche de Carmen, qui maintenant veut séduire le toréador Escamillo. Il la retrouve dans une auberge. Mais le chef de don José intervient. don José le désarme, et doit s'enfuir dans les montagnes avec Carmen.

Après quelques semaines, la belle gitane supporte de moins en moins la jalousie de don José. Arrive Escamillo. Les deux hommes commencent à se battre. Mais Micaëla vient dire à don José que sa mère est mourante. Ils partent tous les deux.

Carmen est maintenant avec Escamillo. Don José réapparaît et la supplie de revenir avec lui. Mais la bohémienne le repousse. Alors que la foule acclame Escamillo, don José, désespéré, se jette sur Carmen et la tue.

Carmen de Bizet est aujourd'hui l'opéra français le plus connu au monde. Les plus grandes voix l'ont chanté. Deux airs sont mondialement célèbres.

Le premier est *Le Chant du toréador* Escamillo. Il montre l'homme sous l'emprise de l'amour.

Allons ! en garde ! allons, allons, ah !
Toréador, en garde ! Toréador ! Toréador !
Et songe bien, oui, songe en combattant,
qu'un œil noir te regarde
et que l'amour t'attend !
Toréador, l'amour, l'amour t'attend !

Le second, *L'Amour est un oiseau rebelle*, chanté par Carmen, définit son caractère et son personnage :

L'amour est un oiseau rebelle
que nul ne peut apprivoiser,
et c'est bien en vain qu'on l'appelle,
s'il lui convient de refuser.
Rien n'y fait, menace ou prière,
l'un parle bien, l'autre se tait :
Et c'est l'autre que je préfère,
il n'a rien dit mais il me plaît.
L'amour ! l'amour ! l'amour ! l'amour !
[...]
L'amour est enfant de Bohême,
il n'a jamais, jamais connu de loi ;
si tu ne m'aimes pas, je t'aime :
si je t'aime, prends garde à toi !

La Carmen de Bizet apparaît donc comme le symbole parfait de la femme fatale, qui revendique très fort son goût pour la liberté et l'amour sans contrainte.

Grâce à l'opéra, Carmen devient un personnage universel. L'histoire de la belle bohémienne est jouée partout, et elle est adaptée dans toutes les formes d'art vivant : ballet, danse, théâtre, cinéma…

Carmen *au théâtre*

Au théâtre, l'adaptation la plus connue est *La Tragédie de Carmen* de Peter Brook, en 1982. C'est une pièce en trois actes. Elle a pour sujet la dimension tragique du combat de Carmen pour sa liberté.

Carmen *au cinéma*

C'est surtout au cinéma que Carmen connaît un immense succès. Le premier film est un film muet. Il s'agit de *Carmen*, de l'Allemand Ernst Lubitsch, en 1918. Il reprend fidèlement l'opéra de Bizet. Depuis cette date, plus de cinquante films racontent l'histoire de Carmen. La plupart adaptent, comme celui de Lubitsch, l'œuvre de Bizet. Les lieux, les personnages, l'époque, les dialogues sont souvent modifiés. Mais la violence des passions et l'amour de Carmen pour sa liberté demeurent.

• *Carmen Jones* d'Otto Preminger (1954)

C'est l'histoire d'une Carmen américaine. L'action se passe dans le sud des États-Unis, pendant la Seconde Guerre mondiale. Dans un camp militaire, Carmen Jones, une jeune femme noire, rend fous d'amour tous les hommes. Le soldat Joe se laisse séduire. Il abandonne sa gentille fiancée pour Carmen. Il s'enfuit de l'armée. Il est rattrapé et envoyé en prison. À sa sortie, Carmen l'attend. Ils restent ensemble quelques semaines, mais elle finit par se lasser, et le quitte. Joe la retrouve dans les bras d'un boxeur. Fou de rage, il la tue.

• *Carmen* de Carlos Saura (1983)

C'est une comédie musicale. Elle se passe dans un théâtre. Une troupe de musiciens et de danseurs s'entraîne pour jouer *Carmen*. Les répétitions sont difficiles. Le directeur artistique de la pièce et la danseuse principale, jeune artiste sans expérience, vivent de plus en plus l'histoire de Carmen et don José. La scène et la vie se mélangent.

• *Prénom Carmen* de Jean-Luc Godard (1983)

L'histoire se passe aujourd'hui, en France. Carmen a besoin d'argent pour tourner un film. Avec des amis, elle attaque une banque. Mais c'est un échec. Pour échapper à la prison, Carmen s'enfuit avec Joseph, le jeune gendarme qui surveille la banque. Il tombe fou amoureux d'elle. Ils trouvent refuge au bord de la mer, dans l'appartement de Jean, l'oncle de Carmen. Elle joue avec les deux hommes, et supporte de moins en moins la jalousie de Joseph.

• *Carmen,* opéra filmé de l'Italien Francesco Rosi (1984)

C'est un film fidèle à l'opéra de Bizet. À Séville, vers 1820, la bohémienne Carmen séduit le brigadier don José. Après un duel, il déserte et la rejoint dans la montagne. Mais Carmen est maintenant amoureuse du toréador Escamillo. Plus tard, aux arènes de Séville, don José demande à Carmen de revenir à lui. Elle refuse. Il la poignarde.

• *Karmen Geï*, de Jo Gaye Ramaka (2001)

L'histoire se situe au Sénégal. Karmen est en prison. À sa sortie, elle séduit le lieutenant de police Lamine Diop, le jour de son mariage. Elle blesse avec un couteau la femme de Lamine. Elle est à nouveau jetée en prison.

Aujourd'hui, Carmen est encore présente partout : dans la musique, la danse, la publicité, le théâtre de rue, le cirque moderne... Cent cinquante ans après sa création, le personnage est devenu un mythe qui continue à vivre sur tous les continents.

Harry Belafonte (Joe) et Dorothy Dandridge (Carmen) sont les vedettes de Carmen Jones, *adaptation cinématographique de l'œuvre d'Oscar Hammerstein II, créée à Broadway en 1943.*

Titres de la collection
dans la nouvelle version

Niveau 1 : 500 à 900 mots

Carmen, Prosper Mérimée
Les Misérables, tome 1 de Victor Hugo
Les Misérables, tome 2 de Victor Hugo
Le Tour du monde en 80 jours de Jules Verne
Les Trois Mousquetaires, tome 1 d'Alexandre Dumas
Les Trois Mousquetaires, tome 2 d'Alexandre Dumas
Contes de Perrault

Niveau 2 : 900 à 1 500 mots

Le Comte de Monte-Cristo, tome 1 d'Alexandre Dumas
Le Comte de Monte-Cristo, tome 2 d'Alexandre Dumas
Germinal d'Émile Zola
Les Misérables, tome 3, de Victor Hugo
Les Lettres de mon moulin d'Alphonse Daudet
Les Aventures d'Arsène Lupin de Maurice Leblanc
Notre-Dame de Paris, tome 1 de Victor Hugo
Notre-Dame de Paris, tome 2 de Victor Hugo
Cyrano de Bergerac d'Edmond Rostand
Sans famille de Hector Malot
Le Petit Chose d'Alphonse Daudet
20 000 lieues sous les mers de Jules Verne
Cinq contes de Guy de Maupassant

Niveau 3 : 1 500 mots et plus

Maigret tend un piège de Georges Simenon
La Tête d'un homme de Georges Simenon

Imprimé en France par I.M.E.
Dépôt légal n° 57764-03/2005 - Collection n° 04 - Edition n° 03
15/5235/5